Pingüino de Adelia

Grace Hansen

Abdo Kids
ANIMALES DE LA ANTÁRTIDA
Kids

Abdo Kids Jumbo es una subdivisión de Abdo Kids
abdobooks.com

abdobooks.com

Published by Abdo Kids, a division of ABDO, P.O. Box 398166, Minneapolis, Minnesota 55439.

Abdo Kids Jumbo™ is a trademark and logo of Abdo Kids.

102023

012024

THIS BOOK CONTAINS RECYCLED MATERIALS

Spanish Translator: Maria Puchol

Photo Credits: Getty Images, iStock, Shutterstock

Production Contributors: Teddy Borth, Jennie Forsberg, Grace Hansen
Design Contributors: Candice Keimig, Victoria Bates

Library of Congress Control Number: 2023939974

Publisher's Cataloging-in-Publication Data

Names: Hansen, Grace, author.

Title: Pingüino de Adelia/ by Grace Hansen

Other title: Adélie penguin. Spanish

Description: Minneapolis, Minnesota: Abdo Kids, 2024. | Series: Animales de la Antártida | Includes online resources and index

Identifiers: ISBN 9781098269821 (lib.bdg.) | ISBN 9798384900382 (ebook)

Subjects: LCSH: Adélie penguin--Juvenile literature. | Adélie penguin--Behavior--Juvenile literature. | Penguins--Juvenile literature. | Zoology--Antarctica--Juvenile literature. | Antarctica--Juvenile literature. | Spanish Language Materials--Juvenile literature.

Classification: DDC 591.709113--dc23

Contenido

La Antártida

La Antártida es el continente más meridional de la Tierra. Está casi toda cubierta de hielo. A pesar de ser uno de los puntos más fríos, secos y ventosos del planeta, algunos animales asombrosos viven allí.

África
América
del Sur
Antártida
Polo Sur
Oceanía

El pingüino de Adelia

Existen 18 especies diferentes de pingüino en el mundo. Sólo dos de ellas viven todo el año en la Antártida, el pingüino de Adelia es una.

Este pingüino vive en el continente y en algunas islas cercanas. Pasan los inviernos alimentándose en el mar. En la primavera se les ve en la rocosa **costa**.

Son pingüinos de mediano tamaño. Miden entre 27 a 29 pulgadas de alto (68.5-74 cm). Pueden llegar a pesar 13 libras (5.89 kg).

Estos pingüinos tienen plumas blancas y negras. Las plumas de la cara son negras excepto en los anillos alrededor de sus ojos que son blancas.

Como todos los pingüinos son excelentes nadadores. La forma de su cuerpo les permite moverse fácilmente en el agua. Sus fuertes aletas, sus patas palmeadas y la cola les ayudan a **impulsarse** y girar.

Crías de pingüino de Adelia

La **temporada de reproducción** empieza en octubre. **Colonias** de pingüinos de Adelia se reúnen en las zonas sin hielo de la **costa**. Allí construyen sus nidos que forran con piedras.

Las hembras ponen dos huevos de color blanco verdoso. Los machos y las hembras se turnan para darles calor hasta que eclosionan a los 35 días.

Mientras uno de los padres mantiene a las crías calientes, el otro sale a buscar comida. Después de unas semanas, las crías de la **colonia** forman grupos o **guarderías** en los que se sienten a salvo. ¡No tardarán en estar listos para nadar y cazar!

Más datos

- Los pingüinos de Adelia se alimentan principalmente de pescado, **krill** y otros diminutos animales parecidos a los camarones.
- Puede que estos pingüinos sean pequeños, pero son valientes y fuertes. Se enfrentan a animales más grandes que ellos e incluso a humanos para proteger a los suyos.
- El explorador francés Jules Dumont d'Urville les puso el nombre en honor a su mujer, Adéle.

Glosario

colonia – grupo de animales de una misma especie que conviven en un territorio limitado.

costa – tierra que está cerca del mar.

especie – grupo específico de animales con similitudes entre ellos y capacidad de reproducirse.

guardería – lugar en el que se juntan crías para ser cuidadas.

impulsar – empujar o guiar hacia delante.

krill – diminutos crustáceos que viven en mar abierto.

temporada de reproducción – momento del año en el que los animales se juntan para tener crías.

Índice